老底子系列丛书

经 典 游 戏

编著　殷　明

苏州大学出版社

图书在版编目(CIP)数据

经典游戏 / 殷明编著. —苏州：苏州大学出版社，2012.5
（老底子系列丛书）
ISBN 978-7-5672-0080-7

Ⅰ.①经… Ⅱ.①殷… Ⅲ.①游戏—介绍—世界
Ⅳ.①G898

中国版本图书馆 CIP 数据核字(2012)第 092846 号

经 典 游 戏

殷 明 编著
何水静 插图
责任编辑 薛华强

苏州大学出版社出版发行
（地址：苏州市十梓街 1 号 邮编：215006）
苏州恒久印务有限公司印装
（地址：苏州市友新路 28 号东侧 邮编：215128）

开本 889 mm×1 194 mm 1/20 印张 6.5 字数 60 千
2012 年 5 月第 1 版 2012 年 5 月第 1 次印刷
ISBN 978-7-5672-0080-7 定价：22.00 元

苏州大学出版社营销部 电话：0512-65225020
苏州大学出版社网址 http://www.sudapress.com

自序

经常回想起童年时的一幕幕场景：夕阳西下，几个扎着羊角辫的小姑娘在细细的橡皮筋上翻飞跳跃，一边跳一边唱："小皮球，香蕉梨。马兰花开二十一，二五六，二五七，二八二九三十一……"；从妈妈的洗衣粉盆中舀来皂沫，在阳光下吹出五彩缤纷的泡泡，如梦如幻；放学的路上，伙伴们滚着铁环，唱着，笑着，闹着……在大自然的怀抱里尽情游戏。这些游戏大多具有娱乐性、趣味性、启智性、运动性、竞技性，是那个年代孩子们成长的摇篮。

由于工作的关系，经常与一些海外人士接触，我曾有意向海外的同龄朋友介绍自己童年时玩的一些游戏，如跳山羊、玩弹珠、抽陀螺、斗鸡、击鼓传花等。这些朋友似乎听懂了全部内容，他们也非常有兴趣地回忆起了自己有趣的童年往事。令人惊奇的是，他们小时候玩的游戏和我们竟有许多相似之处。比如海外朋友童年时有一个游戏：一群小孩分成两组，大家一只脚互缠并撞击对方。这其实就是我们所称的"斗鸡"。还有一种游戏，一群孩子手拉手围成一圈，然后选一个"鬼"到中间蹲下来捂住眼睛，外面的人绕着"鬼"边转边唱，突然停下来让"鬼"猜他的正后面是谁，若猜中了，正后面的那个小朋友即变"鬼"，若猜不中则继续做"鬼"。后一个游戏有点类似于我们玩的击鼓传花游戏……

可惜的是，这些曾经耳熟能详的游戏大部分已从我们今天的生活中消失，但它们毕竟是几代人的美好记忆，并被酿成了纯醪美酒——时至今日，它们已成为经典游戏。

为了留住这些经典游戏，为了那些美好的记忆，我根据自己的亲历亲为并参考有关文献记载，选择整理出 60 款经典游戏，并为它们量身绘制了 60 幅插图。

感谢何水静老师为本书绘制插图，精美的插图为本书增色不少；感谢薛华强、吴钰、张大鲁老师的悉心指导和整理润色；感谢家人给了我闲适的心境。

殷　明

2012 年 5 月初夏

于金鸡湖畔四季草堂

目 录

跳牛皮筋

女孩子们特别喜欢跳牛皮筋(又称猴皮筋)。牛皮筋一般是两根,三四米长,跳时由两人分别在两端拉紧或绷在两棵小树之间。游戏方法有单脚跳、双脚跳,有用脚尖勾着身体跳,有单人跳,有多人一起跳……灵巧的小姑娘们能跳出百般花样。一般先从脚脖子、腿肚处跳起,再逐级升高到大腿根、腰部、胸部,最后到脖子、头部等高度。跳得好的小姑娘一口气能跳到头部,简直让人羡慕。在跳的过程中有约定俗成的规则,如果该踩上牛皮筋的没有踩上,该跳过去而没有跳过去,就是违规,要被罚下场。就是这么一两根小小的牛皮筋,吸引了无数女孩。最有意思的是唱着儿歌跳,小姑娘们一边跳一边唱:"小皮球,香蕉梨,马兰花开二十一,二五六,二五七,二八二九三十一。"还有唱流行曲的:"浏阳河,弯过几道湾,几十里水路到湘江……"小姑娘们唱着跳着,羊角辫上下跳动,就像一群快乐的小鸟。

跳牛皮筋

踢毽子

踢毽子是一项深受男女老少喜爱的游戏。毽子制作非常简单，用一两枚圆形方孔的古币（现在已变成了文物），一块碎布，一根鸡毛管，几根漂亮的公鸡毛，自己动手便能做成毽子。踢毽子也是冬天取暖的最佳运动。踢毽子有一人踢，多人踢。比的是谁踢得多，踢得高。踢得好的人能踢出许多花样："跳"是最多的一种，有单弹，连跳；"偷"是一脚立，另一脚用内侧从后面将毽子弹起；"翘"是一腿下蹲，另一脚垫起毽子；"环"是一腿屈，另一脚内侧弹起；身体腾空，一条腿弯曲，在身体另一侧接触到毽子叫"打"。每一个地方的叫法不同，但动作基本相同。还有另一种玩法，几人同踢一个毽子，可体现团队配合。几个人围站在一起，你踢给我，我踢给他，偶尔穿插用脚后跟钩一个花样，或用头、肩顶一下，精彩时会来一个背后双燕飞，辗、转、腾、挪，非常漂亮。

冬天，穿上兔儿头或两片瓦的老棉鞋，踢起来更有弹性，非常过瘾。一边踢还一边唱着有趣的歌谣，如"一个毽儿踢两串儿，打花鼓，绕花线儿，里踢外拐，八仙过海，九十九一百"等。小朋友们用自己动手做的毽子踢出诸般花样，伴随着童谣，毽子上下飞舞，快乐无比。

踢毽子好处很多，通过抬腿、弹跳、曲身、弹体等动作，使身体很多部位都能得到运动，可使人集中注意力，增强人的反应能力。今天仍有不少人在踢键子。

踢毽子

跳房子

跳房子也叫跳格子，是女孩们特别喜欢玩的一种游戏。先在地上用粉笔画出宽约一米、长约三四米的长方形，分成六格或八格，再在长方形一头三四米外画一条横线作为开始的地方。游戏开始，以“石头，剪子，布”的方式决定出场的顺序。先站在横线边把沙袋或瓦片投出，然后单脚着地把沙袋或瓦片踢进第一格，再依顺序逐格踢进，从最后一格踢出就算结束。如果在踢的过程中沙袋或瓦片压线、出格，或者沙袋或瓦片穿格就算失败一次，下一轮重新从第一格起跳。另一种玩法是先用双脚夹住沙袋上跃，一次甩出，沙袋落在哪一格，哪一格就成了自己的“房子”，在格内做好标记。单脚逐格跳到此处，可双脚在此格中稍作休息，然后继续跳。跳房子这一简便的游戏深得小朋友们喜爱，孩子们常常一放学就找块空地玩跳房子，直到天黑才肯回家。跳房子可以很好地锻炼身体的控制能力。

跳房子

抽陀螺

所谓“陀螺”，早先是把硬木棍先截成一段圆柱体，再用刀削成锥形，在锥底尖部安装一个小钢珠，用纱皮打磨便可做成。后来发展到用车床来做，外形更加漂亮。以布绳系在细小竹棍上，做成抽鞭。先用布绳缠绕陀螺，一手握鞭杆，一手扶陀螺，突然拉动后立刻松开，陀螺就在地上飞速转动，为了保持陀螺继续旋转，要用鞭子不断抽打。小朋友们抽打着各自的陀螺撞碰对方，嘴里念着“抽汉奸，打汉奸，打败日本，打汉奸”的童谣，直至把对方撞倒。抽陀螺一般冬季玩的人较多，寒冷时挥舞着手臂不停地运动可以御寒取暖。另外，当心情不好时把陀螺作为出气筒，狠抽上几鞭，可解心头不快。

抽陀螺

滚铁环

最初的铁环是把破损的水桶上的铁箍拆下来做成的，再将一根粗铁丝弯成“U”形，绑在一根细竹或小木棍上作为方向盘，手握细竹或木棍，掌握转弯角度和推滚速度，推着铁环滚动前行。后来有人竟把废旧自行车钢圈拿来滚，也算是“变废为宝”了。滚铁环需要一定技巧，要掌握好推杆、力度和角度，技术好的孩子可绕过各种障碍一路不倒，而技能差的滚不多远就会倒下来。滚铁环有许多玩法，沿自然地面滚，绕障碍，或找一块木板垫上砖头玩冲坡等。而难度最大的要数比慢，在地上画出直径1米多的圆圈滚，越慢越难。所有玩法都是谁先倒谁就输。

那时几乎所有男孩都有铁环，放学后一路滚着，颇为壮观。有的孩子在大铁环上再安几个细小铁环作为铃铛，滚动时，哗啷哗啷响成一片，那声音仿佛告诉路人“各位小心，车队来哉，要超人了”。也许这就是最早的“有车族”呢。

滚铁环

丢沙包

用家里的碎布缝成正方形或圆形的布袋，再用细沙填满就做成了一个沙包，非常简便。丢沙包，不同的地方有不同的玩法。通常是在划好的场地两端各设一名投手丢沙包，余者在中间躲避沙包。一旦被沙包击中就得下场，若接住沙包，则可以增加“一条命”或者“救活”一个本已被罚下场的人使之重新上场。丢沙包这一游戏，要求投手稳、狠、准，躲者不仅要眼疾手快，还要会躲、跳、闪。此游戏不仅有趣，还能有效提升小朋友的敏捷性及躲闪能力。

丢沙包

跳山羊

跳山羊，又称骑人马。伙伴们在一起，以“石头，剪子，布”决出胜负，输者先猫着腰做山羊。人多时，“山羊”们一般间隔一两米一字排开。先低头蹲下，跳者逐一跳过，由于这第一级高度较低，一般不用手撑即可直接跳过去；第二级，“山羊”的腿伸直，手撑脚面，这时跳者可手脚并用，双手撑到“山羊”背上跳过去，中间只要有一次跳不过去就得下场（有的地方的规则是跳不过去的人替换做山羊）；第三级，“山羊”用手撑膝盖；第四级难度更大，基本上是站立，只是头低着，“山羊”身上可以撑的部位只有双肩了，因难度甚大，只有极少数人能跳过去。

这是一项危险性比较大的游戏，弄不好会人仰“山羊”翻。而做“山羊”的人一定要有“职业”道德，应尽力支撑，确保“山羊”牢固不倒，绝不可使“阴招”突然下蹲。此项游戏能够培养果断、大胆、团结的良好精神。

跳山羊

打弹珠

弹珠大多为玻璃珠，五颜六色。打弹珠就是用拇指中间的关节和食指指尖夹住弹珠，由拇指将珠子弹射出去。要准确击中目标难度较大，需要长期练习。

打弹珠基本上有两种玩法。一种玩法是双方各占一块地盘，然后顺序以各自的弹珠击打对方的弹珠，只要打中，被击中的珠子就是战利品。另一种玩法叫“打老虎洞”，即事先在地上掏几个小洞（一般为五个），谁先把弹珠弹进所有洞里，谁就变成“老虎”，然后打其他人留在洞里的弹珠，打到谁的，就把谁的吃掉。这其实就是儿时的“高尔夫球”。

打弹珠主要是男孩子玩的游戏，一放学，大街小巷只要有空地的地方，常常有三五成群的孩子匍匐于地，眯着一只眼睛，神情专注地进行“战斗”。获胜的孩子裤兜里装满了战利品，败者并不气馁，第二天再进行厮杀，大家乐此不疲。

打弹珠是儿童游戏中的杰出项目，遗憾的是，现在基本没有人玩了，升级到打高尔夫球了。

打弹珠

【拾柒】

拍洋画儿

洋画是用一种质地较为坚硬的卡纸印刷的画片，题材丰富多样。常见洋画十六开大小，横竖各五张，一版二十五张。画的正面大多为中国古代人物故事，背面为故事的文字说明。孩子将买回的洋画剪成二十五张小图片随身携带。在课间或放学后邀上三五个同学，各自将自己的小画片摆在地上，轮流用手掌拍地，靠一股气流将画片掀翻，而被掀翻的洋画自然就变成了战利品。

常见的玩法有三种：“正拍”“双翻”和“一条龙”。正拍就是将洋画儿正面朝上，反面朝下，用手拍打，使正面翻转向下者胜出；反拍即反之。“双翻”，就是一次拍打必须使两张洋画同时翻转才算获胜。“一条龙”就是必须一次将地上所有的洋画拍翻，否则就算输了。有时为了增加挑战性，故意将画片卷成半圆形，凸面置地上，这样就很难拍翻。但有的孩子想出招数，把袖口拖长，使风力、气流加大，这样一来就容易拍翻了。

由于洋画可以随身携带，随时可以游戏，不受场地及时间的限制，并带有比赛性质，所以颇受小孩们的喜爱。胜者手里总是握着一摞脏乎乎的画片到处炫耀，嘴里还得意忘形地哼着小调：“谁跟我拍洋画，赶紧跟我走，不跟我拍洋画，那是你没有……”

拍洋画儿在当年是一种游戏，如今那些洋画中的精品还成了藏品。

拍洋画儿

跳绳

跳绳分单人跳和集体跳(不分男女生)。单人跳用的是短绳子:双手握着绳子两端,从头顶甩过再从脚下穿过。单人跳分单脚跳和双脚快跳两种。单人跳除向前和向后甩绳跳外,还可左右交叉做花样跳。一般比的是跳数,即在相同的时间里看谁跳的次数多,旁边有专管数数的,若按时间来计数的话,中途失误还可以继续跳,跳数多的为胜。集体跳时,要有一条粗长的麻绳,两头有专门甩绳的人。如果人多的话就得快进快出。摇绳的节奏不变,大家排着队依次跳进去,跳一下再跑出来。人少时,好几人可以一起跳进去,还边跳边唱着段子:“周扒皮,周扒皮,半夜三更来偷鸡……”在跳绳时,谁被绳子甩到或者被绳子绊住脚、碰到脚,就要被罚下,换出甩(晃)绳的人。多人跳的时候,最累的就是甩绳的两个人。

跳绳

摔纸牌

所谓纸牌大多是用香烟壳或过期画报等比较厚一点的纸折叠制成的,有四方形或三角形两种。玩时,一方将纸牌放在地上,由另一方先砸,如果能将对方的纸牌砸翻,对方的纸牌就归你了,否则,则换由对方来砸。决窍是要会观察寻找对方纸牌与地面的间隙,间隙越大,就容易被砸翻,因此这一游戏需要力量和技巧的结合。有的小朋友把铁片夹在纸牌里,纸牌变重后不容易被砸翻,就成了“牌王”。

这一游戏的材料来源广,不受场地限制,满足了儿时的好胜心理。

摔纸牌

抓沙包

抓沙包和丢沙包都是用沙包玩的游戏，只是玩法不同。抓沙包的玩法是：先将沙包（一般是五个）撒开，抓起其中一只沙包抛向空中，同时立即抓起地上一只沙包，并接住从空中落下的沙包。第一轮是从地上一个一个地抓起沙包；第二轮则是两个两个抓；第三轮是先抓起一个，再抓起三个；第四轮则是四个沙包一起抓。要求每次在抓起地上沙包的同时要接住落下的沙包，并且不能碰到其他的沙包，所以在一定程度上锻炼了手的灵活性和敏捷程度。那时，一到课间，课桌上沙包飞舞，两三人一组围着课桌抓沙包，玩得非常起劲。

后来有一种抓沙包的“升级版”，叫抓麻将牌（废旧麻将牌），此玩法比抓沙包难度大。

抓沙包对脑、眼、手配合要求高，趣味性也很强。

挑棒冰

斗鸡

“斗鸡”也叫“撞拐子”，是最能体现“男子汉”气概的游戏。其基本姿势是把一条腿盘起来架在另一条大腿上，两只手抓着盘起的腿和脚腕，成单腿独立姿势。玩的时候，是用盘起的那条腿的膝盖攻击对方。可以两人决斗，也可以分帮“群殴”，脚先落地或倒地者为输。下课铃一响，男同学们呼啸着直奔操场，操场上立刻出现了壮观的“斗鸡”场面。“斗鸡”讲究“四两拨千斤”，力气大不一定就能赢。进攻时要讲究策略，合理运用压、跳、顶、闪等战术。但不允许用脚踹击对方。斗鸡的竞技性强，锻炼体力和身体平衡力，深得男孩子们的喜爱。

斗鸡

老鹰捉小鸡

一人当“老鹰”，另外一队人扮作鸡群，最前面的是“母鸡”，后面跟着的则是“小鸡”。游戏开始，通过“石头，剪子，布”或其他方式选出“老鹰”，然后推出高大的伙伴来充当“母鸡”，其他小朋友扮成“小鸡”紧跟在“母鸡”后各拉后衣排成一串。“老鹰”在“母鸡”前面施展辗、转、腾、挪手段，“母鸡”则张开双手左挡右护，尽力保护“小鸡”不被“老鹰”抓住。游戏过程中时有小鸡“掉链子”而被“老鹰”趁机捉住。被捉住的“小鸡”就要替代“老鹰”。此游戏在冬天玩得比较多，运动量大，不一会，大家都会感到全身暖洋洋的。这一游戏还能培养互相协作的团队精神。

老鹰捉小鸡

骑人马打仗

小朋友们分成势均力敌的两队，两个一组，一般高大健壮的孩子做“马”，瘦小灵活的孩子做“人”。两队人马准备就绪，只听到裁判一声“开始”，双方喊着“冲呀”打成一团，对冲，拉扯，推搡，拖拽，霎时人仰马翻。按规定一旦下马就要立即出场，不得再回场内。当“马”的孩子不允许动手，但可以用身体去撞对方的“马”。骑人马打仗也讲究战术，开始对冲时以两三组人马一起冲到对方最厉害的一组人马前，合力将其打败，但对方也总会有别的人马进行保护。有时候双方会形成拉锯战，迂回战术或偷袭战术也被经常采用，这就是骑人马打仗的乐趣。

力量、技术、指挥、战术，这俨然是两只骑兵部队交战的场面。

骑人马打仗

斗蟋蟀

小时候，抓蟋蟀，养蟋蟀，就是为了有朝一日斗蟋蟀。夏日的夜晚，小朋友们拿着手电筒，带上芦苇梢和扣蟋蟀罩儿，再备几只空火柴盒，到预先想好的地方抓捕蟋蟀。一旦听到蟋蟀的叫声，便轻手轻脚循声找寻。找到后，迅速用手电筒的强光照射着蟋蟀，说来也怪，被强光照射的蟋蟀一动也不动，立即用小罩子扣住，小心慢捉，轻轻将之装入盒中，以免蟋蟀肢体受损而影响品相。那时，一夜可以逮捉十几只蟋蟀。带回家后精心挑选，体大头硕、鬓尾齐全、色泽发黑发亮、振翅发声洪亮者品相较好，要留下，好吃好喝精心伺候，其余一概放回大自然。

大家约好，各自将自己的“名将”带来参战。蟋蟀天性好斗，在赛盆中，只见两只蟋蟀振翼厮杀，各自张开大牙叉子撕咬对方，一边撕咬一边扭转滚动。数分钟后，失败的一方无声无息，而另一方则会震动双翅，发出悦耳的“嘟嘟”叫声，这是胜利者的凯歌。

斗蟋蟀

抢凳子

抢板凳游戏，一般为六人共抢五张板凳。先准备五张木凳子放在中间，六人抿着嘴，弓着腰，半蹲着腿，神情紧张地盯着木凳子。鼓声响起，大家开始围着凳子转圈，等鼓手高喊“停”，大家立即动手就近抢凳子，一场下来总会有一个人没有抢到。没有抢到的人被淘汰出局，并罚表演一个节目、学狗叫或做俯卧撑等。其他人接着玩，同时撤掉一张凳子。依次类推，最后只剩两人抢一张凳子进行决赛，获胜者赢得冠军，大家鼓掌祝贺。

大家在有趣的抢凳子游戏活动中提高了敏捷的反应能力。

抢凳子

捉知了

“夏天到，知了叫，问你知道啥，啥也不知道。”捉知了必须有粘子，松香加水用小火熬制，粘度以能粘住知了为佳。捉知了的方法有两种：一是一人持竹竿，在顶端涂上粘子；二是用铁丝做成圆形口，再加上纱布网兜固定在长长细细的竹端。伸竿、屏息，猛然粘住或罩住知了，运气好的话一会就可捉到十几只知了。往往就在息声屏气小心翼翼地伸出竹竿，心怦怦地在跳，期待着成功的一刻时，知了“吱“的一声飞了，这着实让人懊恼。但捉知了的乐趣也就在其中。

捉知了

过家家

过家家是学龄前儿童游戏，流行于全国各地。小朋友们以过家家游戏进入虚拟的生活，比如购物、做饭等。这一游戏特受小女孩喜爱，有时也有小男孩参与进来。伙伴们各自从家中拿来洋娃娃、小碗、小铲子、小衣服及曾用过的奶瓶、奶嘴等，女孩扮“妈妈”，将奶嘴放到洋娃娃嘴里喂奶，俨然一个有耐心的贤妻良母。男孩当”爸爸”，自然也不能闲着，用小铲子弄点泥巴放在碗里和面，做些黑乎乎的小馒头。“妈妈”笑逐颜开，给“爸爸”再送点大白菜……玩了一阵子之后互换角色。几个人玩的时候，有的去“买菜”，有的“煮饭”，有的抱“娃”喂奶，有的用黄沙做米饭，用泥巴切块就是豆腐，拔来几棵野草便是一顿丰盛的“晚餐”了。也有模拟种地、种瓜等各种生产活动的。过家家游戏反映了生活情趣的一面。

这是最能反映儿童纯洁天真特点的一个游戏。

过家家

翻跟头

翻跟头是人类天生就会的游戏，胎儿在娘肚子里便开始翻筋斗了。在床上，以头抵着被子就可以翻跟头。另外，沙滩草地最容易诱发人的天性，翻几个跟头顿觉与大自然融为一体。翻跟头不太需要技巧，无需用多大的劲，就地打几个滚，或头顶地翻，或侧身滚，让人快乐兴奋，哪怕成年人也经不起这样的诱惑。翻跟头这般有趣，除了是人的天性外，可能是因为人以直立为高贵，忽然一个倒栽葱，从一个极端走向另一个极端，反而能从中感受到刺激。不过，有趣的是，在现实生活中人们却唯恐真的翻跟头(跌跟头)。

翻跟头

放风筝

以前的风筝通常是用竹子剖成细签，做成“十”“田”“日”字形骨架或弯成圆形，然后糊上纸即成。糊风筝非常讲究，要选取薄而结实的纸，最好是用宣纸。有时随便找张纸往“十”字叉上一粘似乎也做成了风筝，但在放飞的时候立马会显原形，甚至可能飞不上天。讲究的人做好风筝后会在上面涂上带有花纹的图案，再系上一条长长的布绫子做成的具有协调功能的尾巴。大部分风筝呈燕形，燕子头、双翅、剪尾不可缺失，最后装上线轴作牵引，牵引线当然是越长越好。放风筝时看谁放得好、飞得高，因此不仅要扎得好，拴绳也是关键所在。三根线绳栓在风筝的三个点上，上边两根下边一根呈倒三角形，以变换点位及通过绳的长短来调节状态，通过反复试放，直到放飞成功。最讲究的风筝还会夹带小哨子，一上天随着风声会发出“呜呜”的声响，非常动听。大家仰头看着风筝在空中飞翔，放的人拉着风筝在诺大的空地上奔跑，一种控制欲在这收放之中得到满足。

放风筝

打水漂

打水漂是有一定讲究的：（1）最好选择瓦片作为投掷物；（2）也可选择扁平的砖块或扁硬的泥巴，越薄越好。这样的材料在水面上运行时可以畅通无阻，并且容易漂浮起来。

放学回家路过小河边、池塘畔时，小朋友们总忘不了捡几块瓦片，弓着腿，撅着屁股，弯着腰朝水面掷去，瓦片在明镜般的水面跳跃、旋转，溅起一圈圈涟漪。小朋友们有高声数的，有低声数的：一圈，两圈，三圈……你方掷罢我上阵，谁也不甘示弱。有时也自行比赛，看谁的水漂起圈数多，谁的跑得远，谁的弧度优美。这刺激有趣的游戏深深吸引着他们。现实生活中也常拿打水漂说事，如股票被套牢而亏损，有人会说："不如打水漂还能听到响声。"

打水漂可以使人与自然亲近，漂出人生美好情趣。可惜在我们生活的周边现在已很难找到可以打水漂的河塘了。

打水漂

挤墙角

挤墙角，在北方一些地方还被称为“挤热窝”。那时的冬天似乎特别冷，尤其是课间走出教室更是冷得让人抖抖嗦嗦，于是一个极其简单的游戏“挤墙角”便应运而生了。下课铃声一响，不分男生女生，一起奔向有墙角的地方，如果是一面墙，大家就会一拥而上，自发组成两队倚着墙朝中间挤。两队各自派出“巨人”打头阵，只听一声令下，开始相互拥簇、挤轧，有点像挖土机，一边挤一边掘，承受能力和定力较差的女孩子和小个子几下子就会被“掘”出队伍，但他们又会迅速跑到队伍后面继续参加战斗。人越来越多，声势越来越大，也越挤越暖和。大家喊着叫着拼命挤，一边挤还一边喊着号子，这些号子一般都是当时流行的句子，比如，一个人喊：“哪里黄土——”所有在场的同学便憋足了气齐喊：“——不埋人。”由于大家非常兴奋，谁也不会抱怨被挤痛、被踩脚。有的帽子被挤掉、裤带因用力过猛绷断了也全然不顾。有时一方挤不过对方，会突然抽身或后撤，对方顿时人仰马翻倒成一片，引来哄堂大笑。挤来挤去身上暖和了，上课的铃声也就响了。这是孩子们冬天课间最爱玩的游戏，常常玩得不亦乐乎。

挤墙角

丢手绢

小朋友们围成一个圆圈，用“石头，剪子，布”的方法推选一位小朋友在圈外拿着手绢绕圆圈跑，坐着的小朋友边打节拍边唱童谣：“丢，丢，丢，丢手绢，轻轻地放在小朋友后面，大家不要告诉他，快点快点抓住他，快点快点抓住他。”跑圈的小朋友时不时做些假动作，使坐着的小朋友非常警惕，经常查看是否手绢丢在了自己背后。当手绢被放在某个小朋友后面的时候，其他小朋友不能提示他，而跑圈的小朋友还要装作若无其事地继续转圈，如果转了一圈回来那位小朋友还是没有发现，就会被“揪”出来为大家表演节目。如果小朋友及时发现了丢在自己身后的手绢，他要立即站起来拿起手绢成为新的跑圈者。

另一种玩法是，被“丢手绢”的小朋友发现自己身后的手绢后，要拿起手绢快速追赶丢手绢的人，追到可回到原位，若追不到则同样要表演节目。

丢手绢

摔炮

“摔炮”当年几分钱一盒,买一盒可以玩上一两天。不过,这个游戏有一定危险性。摔炮一般在过年时玩。用力往墙上或地上一摔,“啪”的一声,声音大得吓人。有的小孩趁人不备,在他人身后摔炮,一声巨响吓别人一大跳,自己却笑着一溜烟跑了。

和摔炮相似的还有“砸炮”。砸炮是自制的,过年放鞭炮时会有些未燃的鞭炮,小朋友捡起来撕去外皮,取出里面的火药,用锡纸包好,拿光滑的鹅卵石对着它猛地一砸,会发出“啪”的一声响。这个调皮的游戏常会遭到大人责骂,但孩子们乐在其中。

摔炮

集糖纸烟壳

小朋友大都有收集糖纸、烟纸的经历，有时看到有人手里拿的一粒糖的糖纸是自己没有的，就会跟在人家屁股后面，直到人家把糖塞到嘴里，糖纸扔到地上，这才迅速捡起如获至宝地带回家洗净阴干后，夹在粗糙的大本子里，与伙伴相互交换着欣赏。女孩子们偏爱“米老鼠”糖纸，一是因为设计漂亮，二是因为收集齐整套很不容易，所以更加珍贵，当时这也算精品收集了。“大白兔”糖纸也是小朋友们争相收集的对象。小朋友们都喜欢吃糖，收集糖纸会带来很大的满足感。

烟标壳是男孩子喜欢收集的品种，烟标种类很多，也很漂亮。收集烟标必须不怕脏、不怕累。男孩子收集烟标的欲望非常强，有的小朋友能通过各种方法收集到几百张各不相同的烟标，还有的小朋友会用当年流行的方法，把烟标折成三角形或贴在墙上，通过赌输赢的方式获取自己没有的品种，有的会用几张甚至更多换取成套烟标中自己所缺的一张。

集糖纸烟壳既是一种有趣的收藏，又是小朋友之间的游戏，能培养他们持久的注意力和细心的习惯。

集糖纸烟壳

挑棒冰棍

当年冰棍几分钱一根，除了冰就是棍，棍子有木质扁平棍儿，有竹制的方形棍儿。可用来玩挑棒冰棍。其玩法是：手握一把棒冰棍儿在桌上竖直、提起，然后迅速松手，棒冰棍儿散落得横七竖八，玩家捡起其中一根棒冰棍儿，用它当工具挑其他棍儿，规定一次只能挑一根。先找好接触点，然后慢慢地探过去，突然发力，将一根棒冰棍挑到别的地方，一根一根地挑，将所有棒冰棍都挑出才算成功。要求在挑的过程中，不能碰动其他棍儿。到20世纪80年代有了奢侈版的“花棒”。花棒是从商店买来的用塑料做成的五颜六色的游戏棒。每根花棒有固定的分值，数量最多的分值最低，白色最多，计一分，红色二分，黄色三分，蓝色四分……而“银箍棒”是二十五分，“金箍棒”是五十分。玩法和挑棒冰棍一样，第一人将所有花棒握在手中，垂直于桌面松手散开，这称为“撒”花棒。然后慢慢地从中挑、拨、抽、抬，取出花棒，每次一根，要求不能碰到其他花棒，碰到了就算失败，最后以分值最高者为胜。

挑棒冰棍

掰手腕

掰手腕是一项不受年龄、性别限制，展现臂力和腕力的三人游戏，参与者包括比赛双方和公平人（即裁判）。

两人隔桌相坐，手掌相对成反握式，以肘撑桌面。公平人喊“开始”，双方拼力向内掰对方手腕，臂弯保持在90度，肘不能离桌。将对方手背死死按在桌面者获胜，三局两胜。也可以再换左手比拼，谁输谁赢结果难料，因此特别有悬念。场上的人拼尽全力，场下的人一面喊着加油，一面跃跃欲试。

其实掰手腕拼的不仅是力量，而且还是心理的较量，要求参加者有较强的意志力。

掰手腕

拉手

拉手游戏要求参与者双方右手相握，右脚相抵，成右弓步。一声“开始”，双方左扯、右拽、前推、后拉，游戏规定哪方先挪动脚步即算输掉比赛。

拉手比赛不光要有力量，还要求参与者讲究策略，不能蛮干，看似简单的游戏，却有一定的技巧性，用力过小无法拉倒对手，用力过大，则容易扑空而失去平衡。最好是能出一些奇招，让对方防不胜防，如突然向外横扯或向下使力，或者顺着对方的力道使巧劲儿，使对方失去重心而摇摆，进而失去平衡，挪动脚步。

拉手

画丁老头

画丁老头是20世纪60年代流行起来的，它把歌谣、涂鸦和一个虚拟的人物形象相结合，充满童趣，深得小朋友的喜爱。

“一个丁老头（鼻梁），欠我两个蛋（眼睛），我说三天还（额头的皱纹），你说四天还（嘴），给你一个大鸭蛋（圆脸）。说三天就三天（耳朵），三根韭菜（头发）三毛三（胡须），一块豆腐（身体）六毛六（胳膊和手），两根豆芽（腿）不要钱。”一段童谣唱完后，一个生动的老头形象就画了出来。这就是画丁老头游戏。

画丁老头

抖空竹

空竹又称闷葫芦，分单轴和双轴两种。单轴一面响，双轴两面响。双轴好抖，单轴较难。抖时，先将线绳绕中轴一圈转起来后打开，只需双手交叉就行。抖空竹时力道大小和身体移动很重要。空竹上的每个孔都仿佛是风笛，孔越多，转速越快，也就越响，悦耳的响声可传到百米以外。

抖空竹有许多花样，常见的有三种：

（1）鸟上竿：当空竹旋转足够快时停止抖动，将线绳交叉打开，把空竹抛起，迅速用竹竿接住，使空竹在竹竿上转，等转速变慢后再将空竹滑回绳上继续抖。

（2）腾空跳：做鸟上竿时不必将空竹抛得太高，而腾空跳则需用全力把空竹抛向空中，越高越好。当空竹开始下降时就要用线绳瞄准空竹的轴，然后接住，否则空竹从那么高摔到地上将“粉身碎骨”。

（3）抖双星：顾名思义就是用一根线绳抖两个空竹，这是高难度的技术，一般人玩不来。

抖空竹需要心、力、眼相协调，是一项全身运动。现在在公园里，还常能见到老人们玩空竹。

抖空竹

刻纸

“刻纸”是早期的民间艺术创作，谁要是坚持到现在也许就是工艺美术大师了。

当时刻纸使用的刻刀多是用废旧钢锯条做的，折断锯条做成斜面，用沙石打磨形成尖角，锋利无比，再裹上布条，刻刀就做成了。刻盘是放在一个小木盒里的蜡泥。若刻的画面较大，则放在玻璃板上刻制。画面题材一般从简单的小虫小花入手，待熟练后再刻人物，如孙悟空、关羽等。把拓印下来的画放在刻盘或玻璃板上，用刻刀仔细镂空，刻完后小心翼翼地揭下来，用拷贝纸夹好衬印。这实际上就是早期的艺术创作过程。一旦刻出好的作品，就会有其他小朋友以随身携带的拓印工具立马拓印，刻印者就会有一种油然而生的成就感。

那时候刻纸勤快的小朋友专门有一个本子用来夹自己的作品，达到一定数量后，其中部分精品就是其他小朋友争相借用的范本，刻纸“大师”也应运而生。

这是早期的艺术创作活动，必须要细心，要有耐心。

刻纸

翻花绳

翻花绳是民间传统游戏，一旦学会，百翻不厌。此游戏两人玩最合适。具体做法是：用一根1米左右长的线绳，将两头系上，各套在两只手的四个指头根部，并绕上一手指，分别由下挑起另一手掌中的那根线，形成四根线。这时，另一人加入游戏，通过手指的挑拨、穿插、环绕，你来我往，你绷我挑，可以变化出不同的花样造型来。我挑出一个网状的长方形，你挑出一把"梭子"，我再回做一个"摇篮"，你也挑一枚"火箭"……这样你一翻，我一挑，配合非常默契。除传统的套路花型外，还可以自己发明出一些花样来。其中"降落伞"状是最著名的传统花样，参与者必须要会这一招。两人玩时，若一方把花翻散弄成一个乱团则为输家。

翻绳游戏既锻炼了手指的灵活性和协调性，又培养了小朋友的耐心、细心，还丰富了想象力，深得小朋友的喜爱。

翻花绳

打雪仗

打雪仗是一种没有规则的游戏,乱打一气,精疲力尽后一哄而散,符合孩子们的天性。

一到冬季,孩子们就盼着下雪。清晨一觉醒来,推开门看见厚厚的白雪,甭管雪是否还在下,孩子们不约而同地奔到外面,一声呼喊,各自神速地制造雪弹,毫无规则地便开打起来。每个人都成了“敌人”,不管三七二十一,逢人便打。到后来,索性直接把雪塞到“敌人”脖子里。孩子们边打边喊,有的被打痛了,坐在雪地上哭,可不一会,又爬起来加入战斗。终于打得精疲力尽了,雪地上一片狼藉。打雪仗的每个人都是一身雪渣,头上的雪已经融化,冒着热气。最难受的是脖子里的雪融化后流到后背,被风一吹拔凉拔凉的。那时候,孩子们穿的衣服没有现在暖和,小脸冻得通红,有的手上还生了冻疮,可尽管如此,却无人叫苦,还是最爱打雪仗。

打雪仗

吹肥皂泡

此游戏适合低龄小孩，方法极其简单：将洗衣服的肥皂用水化开，制成浓浓的肥皂水，装入小瓶，用细铁丝做成小圈或用麦秆沾着肥皂水，站在高处或上风口的地方吹，小嘴鼓着吹出一串串泡泡。

吹肥皂泡也能玩出趣味来，比如可以比试谁吹得大。肥皂泡在太阳光下变得五光十色，非常漂亮，就像绚丽多彩的童年。

吹肥皂泡

拉“老将”

较老的树叶柄被称为老将。秋天来了，树叶开始变黄，风一吹纷纷落地，小朋友们就地取材，把叶子的柄捡来做游戏，称为拉“老将”。用来拉“老将”的叶柄大有讲究，杨树叶是最好的拉“老将”材料。有人喜欢有点儿枯萎的老叶子，枯老的叶柄很有韧性，有人认为半老不老、半绿半黄的叶柄最容易练成老将。刚从树上落下来的或太干的叶子都不能用，因为新叶水分大，叶柄脆，而老叶又太干容易断。

小朋友们在上学或放学的路上一路拾捡叶柄，一路拉“老将”。双方分别握住自己的叶柄两端，与对方叶柄交叉，然后各自使劲往后拽，直至把对方拉断为胜。有的小朋友把叶柄放在臭球鞋里闷一夜，隔日再拿出来揉、搓，这样可使叶柄的韧性更好，在战斗中不会被折断，而久经沙场并常胜的叶柄则被大家称为“大王”。有的小朋友会使“阴招”，把细细的铁丝穿入叶柄，以增强叶柄的牢度。

拉“老将”没有激烈的对抗，运动强度也不大，一片树叶能玩上半天，小朋友们感到很满足。

拉老将

折纸

童年充满了梦想，孩子们把梦想寄托在折纸游戏上，满足了心灵上的需求。

利用废旧报纸或牛皮纸、旧画报可折出各种形状的东西。有的可先折出手枪、坦克零部件，最终组装成手枪、坦克，有的折出厨师头上的高帽，有的用大纸张折叠出纸球吹足了气，有排球大小，用头顶着玩。更有人把折叠好的小裤和衣服改装成小灯笼；还有的能折叠成小"摔炮"，捏着角猛地一抽，"小摔炮"会发出"啪"的脆响。

折飞机人人都会，同学们常聚在操场上折飞机、赛飞机。折一只小船放进水盆里，船里放有沙子，小船还能浮起来。折一只青蛙，一按后部，"青蛙"可以向前弹跳。到了后来还用过期的挂历折钱包，白纸做内胆，画面做外封，再装一个揿纽，这就是属于自己的手工钱包，可以得意地在小同学面前炫耀。

折纸

捉迷藏

捉迷藏有两种玩法：一种是白天玩的捉迷藏：将一人用布蒙上双眼，其他人自行躲藏，被蒙者从1数到10后，将蒙布摘去开始寻找躲藏的人，谁被抓到，谁就要被蒙上眼睛，继续游戏。

另一种是夜间玩的捉迷藏：游戏前讲好躲藏的范围，设置一个"家"(一般以墙角为家)。一个人留在"家"的位置闭上眼睛，其他人分别去躲藏。当数到一定数时，就可以睁开眼睛开始寻找。躲藏者要能悄悄地回到"家"才算成功，而被发现者则要充当寻藏者，继续游戏。

这是一个介于脑力活动和体力活动之间的对抗游戏，有时会因捉错人而闹出笑话，很有趣味。

捉迷藏

击鼓传花

击鼓传花是一项传统游戏。小朋友们围成一圈，鼓声一响，从一人开始，迅速将花或手帕传递给旁边的小朋友，一个传一个，等鼓声突然中止，花朵或手帕在谁手上谁就要站出来表演节目，若传递到正好两人交接时，要么两人一起表演节目，要么抓阄表演节目。表演的节目不外乎唱歌、跳舞、讲故事等。表演完以后，回到原位，鼓声再起，游戏再次开始。小朋友们在欢乐的游戏中可以训练反应能力。

击鼓传花

弹弓

对于男孩子来说，弹弓的魅力是无与伦比的。弹弓是一种自制玩具，砍下呈“Y”状的树杈，把皮剥去，找来废旧自行车内胎作为橡皮筋，在砍下的树杈上固定好，弹弓便做成了。弹弓的升级版是将圆珠笔芯粗细的铁丝弯成“Y”状，“两耳”越圆越漂亮，橡皮筋最好是用医生听诊器上的橡皮管，弹力足，弹兜通常是用牛皮革或人造革做的。弹弓的“子弹”主要是石子。

那时的男孩大概没有不玩弹弓的，但要成为优秀的弹弓射手则没那么容易，一要把握好力量，能把皮筋拉到最大限度，在合适时机松开；二要瞄得准，充分考虑重力对抛物线的影响。

玩弹弓具有一定的危险性，为此男孩子常常遭到家人责骂，弹弓常被家长、老师缴械。

弹弓

链条枪

“链条枪”是男孩子非常喜爱的玩具，一般多在过年时玩。链条枪的实际制作并不容易，它的基本原理就是利用橡皮筋带动尖锐的铁针撞击火柴头，发出像打枪一样的响声。具体做法是用十来节废旧自行车链条穿在用粗铁丝做成的枪架上，以塑料纸包住固定好，再安上用铁丝做的撞针，装上弹性大的皮筋，一把链条枪才算做成。使用时，以火柴头做弹药，装进链条洞里，一扣扳机，“啪”的一声有蓝烟冒起，感觉非常酷。“链条枪”装上炸药就很危险，因此绝对不能对着人开枪。有时也会玩走火了，误伤自己，把衣服烧坏。

由于链条枪制作难度大，仰慕者众多而拥有者较少，所以能够一枪在手，或挂在脖了上，感觉特别威风凛凛。

此枪为高危玩具，常常被家长和老师没收。

链条枪

反光镜

一面破的玻璃镜，孩子捡来就变成爱不释手的宝贝。用它能从镜面中窥见自己的容貌，看到脑后的远景，更有趣的是它还可以反射太阳的光芒。这样的反光镜（即破玻璃镜）虽破，可对小朋友来说具有奇妙的作用。比如看见大人走过来就躲在暗处，用反光照射他的脸，大人像中了弹一般，立马捂脸怒吼："哪个小东西，给我捉到……"这些捣蛋鬼撒腿就逃。

反光镜还可用于叫伙伴、邀玩友，把光打到窗口，伙伴就会把头伸出，无需说话，也不惊动家长，真是妙不可言。在那个年代，反光镜使平凡的生活变得欢乐有趣。

反光镜

石头剪子布

“石头，剪子，布”又称“剪子，包袱，锤”，是一种猜拳游戏。“石头”是指拳头，“剪子”的手形是将中指和食指伸直，其余手指握紧，“布”是五指伸直，手掌张开。划拳有互相克制的原则：剪子剪不动石头（石头胜），布被剪子剪开（剪子胜），石头被布包住（布胜）。伙伴们玩的时候各自先握紧拳头，然后一人念出口令“石头——剪子——布”，在说到“布”时二人伸出手势比输赢。赢的一方可以按所约定对输者进行打手板、刮鼻子、敲脑门等惩罚。参加人数一般以二三人为宜，是一种斗智斗勇的极有乐趣的游戏。

直至今日当有结不易解的时候，还是采用此方法作选择和决断，可见这一经典游戏的生命力。

石头剪子布

捉麻雀(掏鸟窝)

麻雀曾经是“四害”之一,因为它偷吃粮食,还被称为“老家贼”。捉麻雀有许多方法,其中常见的是在空地上用小棍儿支起一面筛子或簸箕,在筛子下边撒些米粒等,以吸引麻雀前来啄食。小棍儿上拴一根细绳拖到隐蔽处,等到筛子下边聚起了几只贪吃的麻雀时便迅速拉动小绳,将麻雀扣在筛子下面。一旦有麻雀被扣住,不要急于掀起筛子,以免麻雀跑掉。一般的方法是先左右摆动筛子,把麻雀摇昏,再小心翼翼地捉住它们。冬天的雪地是捉麻雀的大好场地,因为冬天麻雀无处觅食,一见到空地上有美食,便会蜂拥而至。

另一种方法是掏鸟窝。麻雀儿蒙眼,一到晚间眼睛就啥也看不见。那些低矮茅草房檐下常常有麻雀窝,带上手电、梯子爬上去,轻松就能抓到。麻雀如果听到动静,就会变成惊弓之鸟飞跑。一般掏到那些还没有睁开眼睛的小麻雀时,小朋友们会重新放回窝里。运气好的话,有时还会掏到麻雀蛋,要是能一并拿着可真是喜出望外的收获了。

现在麻雀已变成了“宠物”,鸟窝也不像以前那样随处可见了。

捉麻雀(掏鸟窝)

滚雪球和堆雪人

到了冬天,白茫茫的雪地最适合孩子们做游戏了。满地的雪十分诱人,“来滚雪球堆雪人吧!”孩子们先用手团出一个小雪球在地上滚动,雪球会越滚越大,等到滚不动的时候雪球会突然崩裂,没关系,重新再滚一个!以滚好的雪球开始堆雪人,用两个煤球嵌入充作眼睛,胡萝卜做了翘鼻子,破胶鞋都可以做成嘴巴,一个个生动的雪人形象出现了。纷纷扬扬的大雪,一个个滑稽可爱的雪人,把孩子们带到了童话世界。

滚雪球和堆雪人

纸风车

纸风车虽然简单,却充满了童趣。孩子们在玩风车的同时,能学到书本上没有的东西,真正感到自制玩具的快乐。

纸风车的做法:选用一些稍硬的纸或旧画报,裁一张方纸,把四个角对折成“X”形状。用刀或剪子将纸的四个角从外向里沿对折线剪开,剪到纸的中心处为止,然后将各角依次折回纸的中心,用铁丝从纸的中心穿过去,最后把铁丝从纸后面固定到一根小棍上就成功了。

所谓风车,无风是不能旋转的。纸风车转得快与慢,不仅与跑得快慢有关系,它与风车的大小、风的强弱以及制作材料都有关联。跑得快,产生的风大,风车转得就快,纸质薄的风车越小转得就越快,越大相对却转得慢了,而纸质厚的风车则恰恰相反。

纸风车

东西南北

东西南北游戏是用一个正方形的纸，将四个角向中心对折，然后反转到另一面，将四个角再向中心折后，从外边露出的边角打开，俗称“四角捏”。将双手的食指和拇指套进去，在东、南、西、北四角写上褒贬词语。一人拿着，另一个人说明要从哪个方向开始掰，交叉多次会把后者弄得头昏目弦，最后很有架势地大叫一声：来吧，看看是什么吧——“哇，放屁虫”，小朋友会哈哈大笑一番。一般情况下写贬词的较多。

东西南北

玩飞镖

飞镖的制作很简单，找一根铅笔粗细的小木棍，顶端劈一小口呈“十”字状，再以一根钢针（或大头针）插入捆紧，尾端扎几根羽毛，就是飞镖了。再用废旧“马粪”纸箱剪成圆形，在上面画几个大小不等的同心圆挂在墙上就可当靶子。玩飞镖不需要专门的场地和设施，只要可以悬挂靶圈，就可邀上几个小伙伴比赛一番。

玩飞镖可由近及远逐渐增加难度，得分高者为胜。玩飞镖的乐趣就是体验飞镖飞的一瞬和中靶的一刹。

玩飞镖

抬轿子

抬花轿，送新娘。三个女孩子都争着要当“新娘”，通过“石头，剪子，布”，赢的一个做“新娘”，另两个女孩蹲在地上，把双手伸出，交叉握紧对方的手腕，做“新娘”的花轿。两个女孩子抬着“新娘”，左右摇晃，边走边念：“抬着花轿送新娘，新娘新娘，屁股光光，新郎不要……”小朋友之间轮流做“新娘”，其乐融融。

抬轿子

瞎子摸人

在一块限定的空地上画个圈，一群小朋友先采用“石头，剪刀，布”选出“瞎子”，用红领巾把“瞎子”的双眼蒙住，根据约定把“瞎子”转上三圈，转得他头晕后，让“瞎子”开始摸人，谁被摸到，谁就充当“瞎子”，游戏继续。

还有一种“瞎子摸拐子”的游戏，先用“石头，剪刀，布”选出“瞎子”和“拐子”，“瞎子”要用布蒙上双眼，扮“拐子”的则用右手拎着左脚，嘴里喊着：“我在这儿呐，这儿呐。”边喊边用一条腿跳跃着移动和躲闪。其他人有的模仿“拐子”的声音也跟着起哄叫“这儿呐”，“瞎子”要通过耳朵来辨别真正的“拐子”在哪里。由于瞎子可以用双脚运动，速度比“拐子”快一些，一旦循声确认到“拐子”所在的位置，便可迅速捉拿。如果误捉，“瞎子”继续做“瞎子”，如果捉到“拐子”，“瞎子”和“拐子”互换角色。其他人在游戏中若被“瞎子”摸到了立马出场，到下轮才能上场。

这个快乐的游戏训练了小朋友的耐力和灵活性。

瞎子摸人

手拍手

小朋友们一对一地相对而坐或相对而立。每一个小朋友先自己拍一下手，再用左手拍对面小朋友的左手，自己再拍一下，然后再用右手拍对面小朋友的右手，如此循环进行。边拍手边唱着歌谣，当时最著名歌谣是："你拍一，我拍一，一个小孩儿坐飞机；你拍二，我拍二，二个孩儿丢手绢儿；你拍三，我拍三，三个小孩吃饼干；你拍四，我拍四，四个小孩学大字；你拍五，我拍五，五个小孩儿敲大鼓；你拍六，我拍六，六个小孩吃大肉；你拍七，我拍七，七个小孩笑嘻嘻；你拍八，我拍八，八个小孩笑哈哈；你拍九，我拍九，九个小孩到处走；你拍十，我拍十，十个小孩看谁能打蓊介石。"接着一次拍两下，节奏越来越快，直到一方跟不上，游戏便告结束。小朋友拍着，唱着，笑着，越玩越起劲，既有趣，又锻炼了手、脑的协调性。

一般女孩子玩手拍手游戏的比较多，唱起来也特别有节奏，特别好听，看的人也感到兴奋。

手拍手

倒立(竖蜻蜓)

倒立看世界也别有一种情趣,使人感到新鲜刺激。

倒立也称竖蜻蜓,又称金鸡倒立,当时很多小朋友都是在床上学会这个动作的。通常床靠着墙,把两只脚搭在墙上,两只手撑在床上,倚墙倒立起来,即使摔下来也觉得舒服。但如果是在外面倒立就需要一定的技巧了。

那时,总有一些伙伴技术娴熟,并不费劲地十指着地,两腿并拢,屁股翘上天,就像竖着的蜻蜓。然后行走几步,还不时学鸡用爪扒一下,小朋友们就在一旁直喊"金鸡倒立"。如果是有两人以上参加这个游戏,一般比谁倒立的时间长,先倒下的为输者。

倒立（竖蜻蜓）

钓鱼

那时小朋友们用的鱼竿没有什么讲究，大多是一根细竹。出发钓鱼前，先要做鱼钩，寻鹅毛筒做浮标，觅鱼饵等。小朋友们按前辈指示到厕所旁、阴沟里，到那些湿润肥沃的地方去找鱼饵，红色的蚯蚓是最好的鱼饵。

去钓鱼的路上，扛着钓杆，一路歌声，一路吼叫，尽现童年的无忧。行至小河旁，倚靠在水边树上，伸竿、下浮，睁大眼睛死死盯住一粒粒鹅毛筒做成的浮标。水面的一点点颤动都逃不过他们的眼睛，浮标有点下沉，鱼上钩了！提上岸来，高声叫嚷："好大一条鱼！"实际上钓鱼钓出的是童年的无限乐趣。

好动是孩子的天性，而钓鱼是静态运动，能磨练孩子的耐性。

钓鱼

百宝箱

孩子都有一颗变废为宝的童心，常常不管捡到什么东西都可以玩上半天或者作为宝物收藏。那时不少小朋友都有一个用破旧纸盒做的“百宝箱”，里面什么都有，电池、纽扣、铜丝、钢滚珠、玻璃球、画片，或者半截可用来锯木头、刮铁锈的断钢锯条等。磨得锋利的断锯条还可以作削笔刀、裁纸刀用。

若想自己做个玩具，从百宝箱里翻出各种配件，很快就可做成。其实百宝箱内的藏品大部分都是废物，但是趣味也就在这里，没事的时候，把它抱出来，翻来捡去，享受那种把玩的快乐，陶醉在甜蜜的繁忙之中，每件宝贝的来龙去脉都历历在目。如果邀上伙伴一起翻捡，向伙伴介绍宝贝的来历、用途等，还可以收获友情。

百宝箱

小人书

小人书学名叫连环画，它们曾构建了上个世纪几代人的精神家园。当时的连环画阅读成风，极大地满足了孩子们的精神需求，在还不识字的时候，小人书把小朋友们带到了一个神奇有趣的世界。

最早小读者是到书店租看小人书，一本小画册带来了许多乐趣。有的小朋友还会用拷贝纸照影描摹，像龙凤、孔雀、英雄武松、妖魔鬼怪等，乐此不疲。等到上学识点字后，开始浏览小人书的文字，小朋友们最早就是通过小人书涉猎神话、童话、民间故事、寓言、历史故事等的。后来出现了以电影剧照为基础改编的小人书，图文并茂，将电影中的精华完全呈现了出来，在小朋友的脑海中刻下了许多栩栩如生的人物形象和生动有趣的情节，至今还常常回味无穷。

听说书

半导体收音机是上个世纪六七十年代的“宠物”，也是当时小朋友的主要娱乐工具之一。当时，中央人民广播电台和地方台都有小说和评书连播节目，孙敬修、单田方、刘兰芳等是当时的大明星，《岳飞传》《水浒传》《花木兰》《杨家将》等评书更是家喻户晓。那个年代的收音机效果很差，地方台杂音大，时不时还串台。有人抱着半导体到院子里找信号，转天线的方向，敲拍收音机壳子，反复拧调频道纽键，调试频道。当时，很多书迷都会一些评书语言，如“刀下留人”，“此山是我开，此树是我栽，要想从此过，留下买路钱”，等等。更有“书痴”，能模仿说书人滔滔不绝地说出“细脖大头鬼房书安，白眉大侠徐良，程咬金三板斧，劈脑袋，削耳朵，劈排骨，砍肉臀，常胜将军赵云赵子龙，胯下白龙马，手持亮银枪”等。家长有时会问孩子今天听了些什么，孩子们会回答：“下回分解……”

一个时代有一个时代的明星，那个时代的明星就是说书人。

听说书

快乐的损招

那时，凡是玩游戏输了的小朋友都要受到约定的“惩罚”，如给脸上贴纸条，敲脑门，哈气挠痒痒等。小朋友之间相互嬉戏时会刮鼻梁和端下巴。端下巴又叫“吃瓜子”，玩皮的小孩趁他人不备迅速出手挑他人下巴，可以听到他人牙齿相撞的声音，就像脆响地嗑了一个瓜子。

在课堂上，抽撤凳子是常见的。到了课间，四人会将一人挽起来四脚朝天墩屁股，直到他大叫求饶为止。有时做游戏输了的要被人骑大马或者要钻人洞。钻人洞时，大家对面站成两排，手臂伸直，搭成一个洞，受惩罚的人要从这个“洞”里爬过去。当他在下面爬过的时候，可谓是“过街老鼠，人人喊打”，大家吆喝着捶他的后背，他必须爬得飞快，才能少挨打。

快乐的损招

蚕宝宝

喜欢蚕宝宝的小朋友在春天来临时，会主动向别的小朋友讨蚕子，蚕子是黑色的小粒子，沾在旧报纸上。讨回家后，用棉花捂好蚕子，三四天后，黑色的蚕宝宝就破壳爬出来了，大约有针头大小。几天后脑袋上会长出一个白点，身体颜色也渐渐由深变浅变白。蚕宝宝只有黑点大小的时候，一片桑叶够它们吃几天，等它们的身体完全变白后，就要专门到农村找桑树采叶来喂养。吐丝前的蚕宝宝食量大得惊人。它们总是不知疲倦地啃叶，所以“蚕食”一词十分形象。当蚕宝宝的肚子变得透明时，就开始结茧了。过上一段时间，蚕茧里的蚕蛹会变成蚕蛾飞出，交尾排卵后，这只蚕的生命也就到了终点。

蚕宝宝是小朋友们最喜爱的小幼虫，白白的，肉肉的，拿在手上凉凉的。从蚕子到幼虫，再到结茧，羽化，这让小朋友们见证了一个生命的整个过程。

蚕宝宝

打乒乓球

打乒乓球给孩子们带来了无限乐趣和美好回忆。那时候，打乒乓球更多的是一种游戏。

小孩子们没有正规球拍，很多人用的是大人用五夹板做的没有胶皮的“乒乓板”。条件好些的家庭会替孩子买一块只有一层皮的球拍。那时候也没有像样的球台，所谓的“球台”有以下几种：（1）在地面上画一个大大的长方形，再在中间画一条线算作网，模拟台子就搭成了。（2）在家中，用夏天纳凉的床板加两张木凳搭起来，中间用细竹竿加两块红砖搁置而成，就算是球台。（3）在教室里以课桌与课桌相拼作为球台，用铅笔盒放当中作分界线。（4）水泥球台，中间以六七块红砖作界。当时的简陋可想而知。

小孩们最先拿着光板球拍“的嗒的嗒”地练球，有时对着墙面左推右打。放学铃一响，小朋友们就冲向水泥台，由于人多台少，就需要安排顺序：最先爬上台子的人有支配权和使用权以及制定规则权，就像今日的“三权合一”制度，决定给谁玩、带谁玩和怎么玩。记分方法有21分球，6分球，3分球，人爆满时则用3分球制。比分打成“一比一”或“一比二”时双方同下，比分打成“零比三”时则胜者继续打下去，被“剃光头”的将会失去本日打球权。

对略有破损的球还有几种修复方法：不小心踩瘪的球用开水泡一会儿就会慢慢涨圆；微瘪的球则用球拍柄按住凹处慢慢挤圆；球裂了用橡皮膏粘上还可以接着玩。

打乒乓球

游戏机

20世纪70年代开始，电子游戏机开始进入儿童游戏世界。最初出现的掌上游戏机是跟遥控器差不多大小的黑色小匣子，而且里面永远只有一种游戏，那就是俄罗斯方块。高级一点的游戏机还会说出简单的话，打得好的时候，里面的小人会欢快地说“好棒啊”，水平不高的人常被里面的小人骂“你好笨啊！”不过打游戏的人却是越被骂越开心，最大的鼓舞莫过于游戏过关后一群小人儿出现在屏幕上跳舞。

过去玩多了自制玩具的小朋友，对电子类玩具的好奇和渴望是可想而知的，有时会几天几夜连续作战，闭上双眼，脑子里尽是不停下落的方块。当时街机是掌上游戏机的更高级别，作为高科技产品，它的出现的确极大地丰富了这代人原本乏味的课外生活。90年代初期，它的身影遍及中国的大小城市，比起今日遍地开花的网吧有过之而无不及。

电子游戏丰富了孩子们的娱乐方式，但由于它使小朋友们缺少沟通、缺少与自然的接触，因此一直被人所诟病。

游戏机